BEI GRIN MACHT SICH IHR
WISSEN BEZAHLT

- Wir veröffentlichen Ihre Hausarbeit,
  Bachelor- und Masterarbeit

- Ihr eigenes eBook und Buch -
  weltweit in allen wichtigen Shops

- Verdienen Sie an jedem Verkauf

Jetzt bei www.GRIN.com hochladen
und kostenlos publizieren

Bibliografische Information der Deutschen Nationalbibliothek:

Die Deutsche Bibliothek verzeichnet diese Publikation in der Deutschen National-
bibliografie; detaillierte bibliografische Daten sind im Internet über http://dnb.d-
nb.de/ abrufbar.

Impressum:

Copyright © 2019 GRIN Verlag
Druck und Bindung: Books on Demand GmbH, Norderstedt Germany
ISBN: 9783346003966

Anonym

Vermarktung eines Fitnessstudios. Schritte zur erfolgreichen Positionierung eines Fitnessstudios im Premiumsegment

GRIN Verlag

GRIN - Your knowledge has value

Der GRIN Verlag publiziert seit 1998 wissenschaftliche Arbeiten von Studenten, Hochschullehrern und anderen Akademikern als eBook und gedrucktes Buch. Die Verlagswebsite www.grin.com ist die ideale Plattform zur Veröffentlichung von Hausarbeiten, Abschlussarbeiten, wissenschaftlichen Aufsätzen, Dissertationen und Fachbüchern.

Besuchen Sie uns im Internet:

http://www.grin.com/

http://www.facebook.com/grincom

http://www.twitter.com/grin_com

Inhaltsverzeichnis

1 Marktbeschreibung / -analyse

1.1 Allgemeine Informationen über den Unternehmenstyp

Die Hauptzielgruppe des Fitnessstudios im Premiumsegment mit dem Namen Premium-FF!T sind Männer und Frauen im mittleren Alter zwischen 30 und 55 Jahren, welche übergewichtig sind oder allgemein unzufrieden mit ihrer Figur und Unterstützung dabei brauchen, dieses Problem zu beheben und bereit sind einen entsprechenden Preis für ihre erhaltene Leistung zu zahlen. Die Positionierung des Unternehmenstyp stützt sich auf den Punkt der Individualität, also dass alle Leistungen, die man bekommt, individuell auf den Kunden abgestimmt sind und konkret für ihn und seine angestrebten Ziele mit einem qualifizierten Trainer ausgearbeitet werden. Außerdem hebt sich das Studio durch seine äußerst hohe Qualität in jedem Bereich, sei es Fitnessgeräte, Personal oder Einrichtung, von der Konkurrenz ab. Diese Positionierung ist daher sinnvoll, dass ein Fitness-Studio im Premium-Segment einen höheren Beitrag hat als andere Fitnessstudios und dieser sich durch die Positionierung der Individualität und der hohen Qualität begründen lässt. Außerdem hat jeder Mensch unterschiedliche Ziele und unterschiedliche Voraussetzungen, welche man durch diese Positionierung berücksichtigt.

Tabelle 1: Produkt- und Preispolitik

Produktpolitik	Preispolitik	
Trainingsfläche mit Gerätetraining, Freihantelbereich, Cardiobereich, functional-Bereich, TRX-Training und Betreuung durch qualifizierte Trainer	Verträge mit unterschiedlicher Laufzeit: 1 Monat Mitgliedschaft: 90€/Monat 12 Monate Mitgliedschaft: 80€/Monat 24 Monate Mitgliedschaft: 75€/Monat	Trainingsfläche und Kurse: Verträge mit unterschiedlicher Laufzeit: 1 Monat Mitgliedschaft: 95€/Monat 12 Monate Mitgliedschaft: 85€/Monat 24 Monate Mitgliedschaft: 80€/Monat
Kurse (Jumping-Fitness, Zumba, Strong by Zumba, Yoga, Black-Roll-Kurs, Spinning, Kettlebell-Workout, TRX Anfänger, TRX Fortgeschrittene, Bauch Beine Po, Bauch intensiv, gesunder Rücken, Aqua Fitness, Body Pump, Body Balance, Salsa Aerobic, Streching, Pilates, Fatburn)	Kursabo (nur Kurse ohne Trainingsfläche): 1 Monat Mitgliedschaft: 75€/Monat 12 Monate Mitgliedschaft: 65€/Monat 24 Monate Mitgliedschaft: 60€/Monat	
Ernährungsberatung	15€ pro Beratungstermin	
Fitness-Check (Vermessung des Körpers mit Maasband, Vermessung des Körpers mit Körper-Analysewaage, Anamnese)	30€ pro Fitness-Check	
Getränkeflatrate	10€/Monat	
Wellnessbereich mit Saunen, Dampfbad, kleinem Schwimmbecken und Infrarotkabinen	20€/Monat	
Kinderbetreuung	15€/Monat	
Protein-Shake und Proteinriegel	Jeweils 5€	

Das Angebot kann hauptsächlich nur innerhalb des Fitnessstudios genutzt werden, mit Ausnahme einiger Outdoor-Kurse, welche über den Sommer zur Angebotsvergrößerung angeboten werden und auch um den Mitgliedern die Möglichkeit zu bieten draußen zu trainieren, die Abnutzung des Fitnessstudios zu vermindern und Kosten einzusparen.

1.2 Lage und Standort des Unternehmens

Das Unternehmen ist in der Lorettostraße 55 in Freiburg im Stadtteil Wiehre angesiedelt. Dieser Standort liegt nahe vier verschiedenen Bushaltestellen, welche alle in weniger als 7 Minuten zu Fuß zu erreichen sind. Außerdem sind einige Restaurants, Kindergärten und Schulen in unmittelbarer Nähe und auch das Loretto-Krankenhaus und ein Schwimmbad. Des Weiteren befinden sich einige andere Geschäfte (z.B. Café, Friseur, Metzgerei, Bioladen, Töpferei...) und auch ein paar Ferienwohnung in der Gegend.

Der Standort wurde gewählt, da ein Fitnessstudio im Premiumsegment einen relativ hohen Beitrag hat und im Stadtteil Wiehre die Mietpreise am höchsten in der Stadt Freiburg sind (Immowelt, 2019), was darauf hinweist, dass die Menschen dort Wert auf Qualität legen und wahrscheinlich auch mehr Geld für Fitness- und Gesundheitsleistungen ausgeben können. Des Weiteren ist die Straßenverkehrsanbindung ziemlich gut, da sich gleich 4 verschiedene Bushaltestellen in unmittelbarer Nähe befinden.

1.3 Bestimmung von zwei Marktgebieten

Abbildung 1: Übersicht Marktgebiete und Mitbewerber (Heidelberg Institute for Geoinformation Technology, 2019)
Die Abbildung wurde aus urherberrechtlichen Gründen von der Redaktion entfernt.

1.4 Makroumfeldanalyse und Abschätzung des Marktpotenzials

Kaufkraftindex Freiburg 2018: 95,6 (Michael Bauer Research GmbH, 2018)

Arbeitslosenquote der Stadt Freiburg bezogen auf alle zivilen Erwerbspersonen im Jahr 2018: 4,9% (6.013 Arbeitslose) (Statistisches Landesamt Baden-Württemberg, 2018)

Tabelle 2: Altersverteilung der Stadt Freiburg im Jahr 2017 (Statistisches Landesamt Baden-Württemberg, 2017)

Alter in Jahren	Unter 15	15-18	18-25	25-40	40-65	65 u. mehr
Anzahl der Menschen in dieser Altersgruppe	30.810	5.679	27.322	59.168	69.154	37.503
Prozentsatz bezogen auf die Gesamtbevölkerung von Freiburg (229.636)	13,42%	2,47%	11,9%	25,77%	30,11%	16,33%

Tabelle 3: Ermittlung der Einwohnerzahlen der im Marktgebiet lebenden Menschen aufgeschlüsselt nach Stadtteilen (Stand: 31.12.2016) (Janzer, Meßmer & Werner, 2017, S.15)

Marktgebiet 1		
Stadtteil/Ortschaft		Einwohnerzahl
Wiehre		24.841
Vauban		5.589
Summe Marktgebiet 1	30.430	
Marktgebiet 2		
Haslach		19.730
Stühlinger		15.809
Sankt Georgen		12.180
Günterstal		2.006
Oberau		6.929
Weingarten		11.111
Rieselfeld		10.035
Betzenhausen		9.361
Lehen		2.518
Herdern (zu 80% im Marktgebiet)	80% von 12.186:	9.749
Landwasser (zu 50% im Marktgebiet)	50% von 7.089:	3.545
Mooswald (zu 50% im Marktgebiet)	50% von 9.049:	4.525
Littenweiler (zu 30% im Marktgebiet)	30% von 8.232:	2.470
Summe Marktgebiet 2	109.968	
Gesamtsumme der im Marktgebiet lebenden Menschen:	30.430 + 109.968 = 140.398	

Im Marktgebiet des Premium-FF!T leben insgesamt 140.398 Menschen.

Tabelle 4: Ermittlung Marktpotenzial

	Einwohnerzahl	Gewichtung	Wert
Marktgebiet 1	30.430	100%	30.430 (100% von 30.430)
Marktgebiet 2	109.968	70%	76.978 (70% von 109.968)
		Marktgebiet 1 + Marktgebiet 2	=107.408

Marktpotenzial: 12% → 12% von 107.408: 12.889

1.5 Wettbewerbsanalyse

Erster Mitbewerber F. F.:

Das Fitnessstudio F. F. gehört zu der Kette F.F., welche insgesamt 67 Fitnessstudios in Deutschland betreibt. Zu den Produkten des Studios gehören eine Vielzahl an Kursen, welche teilweise auch ziemlich außergewöhnlich sind, eine Trainingsfläche mit Gerätetraining, Cardiogeräten, freiem Krafttraining, functional Trai-ning, Verträge mit den Laufzeiten 24 Monate, 12 Monate und 1 Monat (immer wählbar, ob man nur in einem bestimmten Club oder in allen Clubs trainieren möchte), Tageskar-ten, eine Fitnessbar mit Proteinshakes, Fitnessriegeln und isotonischen Getränken, ein Wellnessbereich mit Saunen, Dampfbädern, Ruheraum und Solarien, Massagen, Kinder-betreuung und Firmen Fitness. Die grundlegende Positionierung dieses Fitnessstudios ist die Vielfältigkeit, da sie viele verschiedene Kurse, Vertragsarten und auch Zusatzan-gebote anbieten. Eines der zentralen Stärken dieses Fitnessstudios ist die Vielzahl an Studios, die sie deutschlandweit haben, welche man bei einigen der angebotenen Verträ-ge auch alle nutzen kann. Dieser Vorteil besteht in dem hier vorgestellten Unterneh-menstyp nicht, jedoch muss das nicht unbedingt ein Nachteil sein, wenn das Studio im Gesamtbild mehr überzeugen kann. Eine weitere zentrale Stärke des Fitnessstudios F. F. ist der vielfältige und abwechslungsreiche Kursplan, was jedoch keine Kon-kurrenz für das Premium-FF!T darstellt, da dort auch ein breites Spektrum an Kursen vorhanden ist. Eine zentrale Schwäche von F. F. ist, dass die Kunden nur gegen Bezahlung einen Termin mit einem Trainer machen können und somit entweder nicht optimal bzw. falsch trainieren oder eine Menge Geld ausgeben müssen. In dem hier be-schriebenen Studio ist das nicht der Fall, da man dort jederzeit und kostenlos einen Ter-min mit einem qualifizierten Trainer machen kann. Die zweite zentrale Schwäche ist, dass die Kinderbetreuung nur an bestimmten Tagen und auch nur zu bestimmten Zeiten nutzbar ist. Im Premium-FF!T hingegen ist die Kinderbetreuung an jedem Tag und fast zu jeder Zeit nutzbar, was ein klarer Vorteil gegenüber dem F. F. ist.

Zweiter Mitbewerber Fitness Oase Freiburg:

Zu den Produkten der F. O. zählen: Kurse, eine Trainingsfläche mit Geräten und Freihantelbereich, 10-er Karten, Körperanalyse, Ernährungsberatung, Firmenfitness, Physiotherapie, ein Wellnessbereich, Mountain-Bike Training und Babyschwimmen. Die grundlegende Positionierung des Fitnessstudios liegt auf dem Aspekt der Gesundheit und der Individualität. Eine zentrale Stärke dieses Fitnessstudios ist die klare Fokussierung auf den gesundheitlichen Aspekt, welcher vielfältig abgedeckt wird, sei es durch Fitnesstraining, Physiotherapie, Wellness, Aqua-Kurse oder Massagen. In dem vorgestellten Unternehmenstyp liegt die Fokussierung auf allgemeiner Fitness, Muskelaufbau und vor allem Gewichtsabnahme. Eine weitere zentrale Stärke der Fitness Oase in Freiburg liegt darin, dass es keine Vertragsbindung gibt, denn viele könnte eine Vertragsbindung, vor allem wenn diese für eine längere Zeit besteht, abschrecken. In dem hier beschriebenen Unternehmenstyp ist das Training nur mit Vertragsbindung möglich, jedoch gibt es auch die Möglichkeit eines einmonatigen Vertrags, wodurch die Vertragsbindung auf eine etwas kürzere Zeit beschränkt wird.

Eine zentrale Schwäche des Studios liegt in dem sehr einseitig gestalteten Kursplan, was in dem hier vorgestellten Unternehmenstyp nicht der Fall ist. Die zweite zentrale Schwäche der Fitness Oase liegt in den sehr eingeschränkten Öffnungszeiten (Montag-Donnerstag 8:30-12:00 Uhr und 14:00-12:30 Uhr, Freitag 10:00-18:00 Uhr und Samstags 10:00-18:00 Uhr bzw. in der Sommerzeit nur bis 14 Uhr) (Fitness-Oase GbR, o.J.).

2 Marketingplanung

2.1 Budgetplanung

Marketingkosten pro Neukunde: 60€/Neukunde

Geplante Mitgliederzahl nach dem ersten Verkaufsjahr: 1.200 Mitglieder

Berechnungsformel: Marketingkosten pro Neukunde x angestrebte Verkaufszahl

→ 60€/Mitglied x 1.200 Mitglieder = 72.000€

Das Jahresmarketingbudget für das erste Verkaufsjahr beträgt 72.000€.

2.2 Kommunikationspolitik

Um bereits vor dem eigentlichen Marktstart viele Mitglieder für das Fitnessstudio Premium-FF!T zu gewinnen, wird eine Vermarktungskampagne entwickelt, welche durch die kommunikationspolitischen Instrumente Werbung, Social Media Marketing und Direktmarketing gestützt wird. Social Media Marketing ist ein äußerst geeignetes Instrument um günstig viele Menschen zu erreichen. Gewählt wurde für die Kampagne das Social Media Portal Facebook. Dort kann man sehr leicht die gewünschte Zielgruppe erreichen, durch das Filtern gewisser Faktoren, wie Alter, Wohnort etc. Außerdem hat facebook 2.271 Millionen monatliche Nutzer (DataReportal, Hootsuite & We Are Social, 2019). Des Weiteren gaben 84% der 30-39 Jahre alten, 74% der 40-49 Jahre alten und 73% der 50-59 Jahre alten Internetnutzer im Jahre 2017 bei einer Umfrage in Deutschland an, facebook zu nutzen (Faktenkontor & IMWF, 2018), was zeigt, dass die gewünschte Zielgruppe sehr aktiv auf diesem Netzwerk ist. Durch Direktmarketing ist es dem Unternehmen möglich, Kunden bereits persönlich anzusprechen, sie entsprechend ihrer Interessen zu informieren und auch ein gewisses Vertrauen zu diesen aufzubauen, weshalb dieses Instrument zur Unterstützung der Kampagne gewählt wurde. Außerdem kann das Unternehmen genau die Leute ansprechen, welche zu ihren unternehmensspezifischen Zielen passen.

Das Ziel der Vermarktungskampagne ist es, den Menschen alle notwendigen Informationen über das Fitnessstudio zu übermitteln, also Eröffnungsdatum, angebotene Leistungen und vor allem die Besonderheiten des Fitnessstudios. Außerdem soll bereits ein gewisses Image vermittelt werden, nämlich die Exklusivität, Individualität und die hohe Qualität des Studios. Darüber hinaus sollen möglichst viele potenzielle Kunden dazu bewegt werden, zu der in zwei Monaten stattfindenden Unternehmenseröffnung zu kommen. Die Kampagne soll ein Gewinnspiel enthalten, welches am Tag der Eröffnung unter allen anwesenden Fans der Facebookseite des Premium-FF!T-Studios ausgelost wird. Zu gewinnen gibt es drei Jahresmitgliedschaften, zehn Monatsmitgliedschaften und 20 Gutscheine für einen Proteinshake bzw. Proteinriegel. Dafür wird ein entsprechender Post auf dem Facebook Account des Unternehmens gepostet, es werden Flyer gestaltet, die Informationen über das Fitnessstudio, also angebotene Produkte und Besonderheiten des Studios, die Neueröffnung und das Gewinnspiel enthalten. Diese werden in allen Supermärkten, Cafés, Restaurants und Frisören des Marktgebiets ausgelegt und außerdem auch vor mehreren Supermärkten (Edeka Strecker, verschiedene Rewe-Märkte, Alnatura Super Natur Markt) und vor dem Lorettobad durch Mitarbeiter verteilt. Bei dem Verteilen der Flyer soll zusätzlich von den Mitarbeitern darauf geachtet werden, möglichst freundlich und qualifiziert auf die Menschen zu wirken. Das Gewinnspiel als Inhalt der Kampagne wurde gewählt, um Leute dazu zu bewegen, Fan der Facebook-Seite zu werden, denn dort kann man durch weitere Beiträge zum Fitnessstudio günstig und schnell viele Menschen erreichen. Außerdem bringt es die Menschen dazu, zur Neueröffnung zu kommen, da nur dort Anwesende den Preis erhalten. Zudem können die Gewinner das Fitnessstudio quasi testen und in der Zeit von dem Fitnessstudio überzeugt werden, auch nach Ablauf der kostenlosen Mitgliedschaft Mitglied zu bleiben. Inhalt der Kampagne ist außerdem auch Informationen über das Premium-FF!T zu verbreiten, was besonders wichtig ist, da die Menschen hier ein erstes Bild von dem Studio erhalten.

Tabelle 5: Zeitliche Organisation der Kampagne unter Aufführung der einzelnen notwendigen Schritte

Datum	Geplanter Schritt	Bis wann erledigt
01.09.	Eröffnung der Facebookseite des Premium-FF!T`s	01.09.
01.09.	Beitrag auf der Facebookseite mit den ersten Infos über das Studio	01.09.
01.09.	Planung der Beiträge für den Monat Mai (jede Woche zwei Beiträge, also insgesamt acht Beiträge) mit Produktion der Fotos und Bildunterschriften	08.09.
01.09.	Entwurf Flyer und Angebote einholen	11.09.
08.09.	Beitrag Facebook (Gerätebereich)	08.09.
10.09.	Beitrag Facebook (TRX-Bereich)	10.09.
12.09.	Flyer bestellen	12.09.
13.09.	Planung der Beiträge für den Monat Juni (Beitrag über das Gewinnspiel, jede Woche zwei Beiträge und Countdown sieben Tage vor der Neueröffnung)	01.10.
15.09.	Beitrag Facebook (Freihantelbereich)	15.09.
17.09.	Beitrag Facebook (Cardiobereich)	17.09.
22.09.	Beitrag Facebook (funktional Bereich)	22.09.
24.09.	Beitrag Facebook (Wellnessbereich)	24.09.
29.09.	Beitrag Facebook (Theke und die dort angebotenen Produkte)	29.09.
31.09.	Beitrag Facebook (Kursraum und Kurse)	31.09.
01.10.	Beitrag Facebook (Gewinnspiel)	01.10.
01.10.	Flyer in Geschäften auslegen	01.10.
08.10.	Flyer verteilen vor dem Lorettobad	08.10.
10.10.	Flyer verteilen vor den verschiedenen Supermärkten	10.10.
19.10.	Gutscheine für das Gewinnspiel drucken lassen	28.10.

Der Erfolg der Kampagne kann an der Anzahl der Facebook-Fans gemessen werden. Außerdem können die Menschen gezählt werden, die zur Neueröffnung kommen.

2.3 Werbeplanung

Werbebudget: 20% von 72.000€ → 14.400€

Tabelle 6: Werbemittel und Werbeträger für die Kampagne

Werbemittel	Werbeträger	Begründung
Flyer	Verteilung der Flyer durch Mitarbeiter vor Supermärkten und dem Loretto-bad, Auslegen in Supermärkten, Ca-fés, Restaurants, Frisören etc.	Flyer sind eine gute Option, um alle Informationen übersichtlich darzustellen und gewähren dem potenziellen Kunden die Möglichkeit die wichtigen Informationen nochmals nachzulesen. Außerdem kann man durch das persönliche Verteilen der Flyer bereits Vertrauen zu den potenziellen Kunden aufbauen.
Plakat	Außenwerbung an zehn verschiedenen Plakatanschlagstellen, welche alle im Marktgebiet liegen, buchbar über www.crossvertise.de	Das Werbemittel wurde gewählt, da man Plakate gezielt im Marktgebiet aufhängen kann. Außerdem sind sie durch ihre Größe sehr aufmerksamkeitserregend. Die Reichweite ist unterschiedlich, je nach Standort und Kostenpunkt des Plakates.
Radiospot	Radiosender baden.fm	Das Werbemittel Radiospot wurde gewählt, da ein Radio in fast jedem Haushalt vorhanden ist und man die Zielgruppe damit gut erreichen kann, da die meisten Leute in diesem Alter berufstätig sind und Radio z.B. morgens beim Frühstück, auf dem Weg zur Arbeit oder sogar auf der Arbeit hören. Außerdem kann so nochmals effektiv für die anstehende Unternehmenseröffnung geworben werden. Der Werbeträger baden.fm wurde gewählt, da laut crossvertise das Marktgebiet des Unternehmens im Kerngebiet des Sendegebiets des Radiosenders liegt. Des Weiteren ist die Zielgruppe des Senders 25-49 Jährige, was zu der Zielgruppe des Premium-FF!T passt.

2.4 Kostenkalkulation / Budgetvergleich bei der Werbeplanung

Kosten Flyer: Kosten für Design, Druck und Versand von 40.000 Flyern (Flyeralarm GmbH, o.J.): 896,87€

Personalkosten für die Mitarbeiter, welche die Flyer verteilen:

Stundenlohn=12€/Stunde

12 Stände mit je 2 Mitarbeitern

Arbeitszeit=je 4 Stunden an 2 verschiedenen Tagen

12 Stände x 2 Mitarbeiter = 24 Mitarbeiter

24 Mitarbeiter x 8 Stunden = 192

192 x 12 €/Stunde = 2.304€

Gesamtkosten Werbemittel Flyer (Kosten für Design, Druck und Versand + Personalkosten): 896,87€ + 2.304€ = 3.200,87€

Kosten Plakate (crossvertise GmbH, o.J.):

Tabelle 7: Kostenaufschlüsselung für die Anbringung der Plakate

Standort Plakat	Preis pro Tag	Verweildauer	Kosten für den Druck des Plakats	Gesamtkosten des Plakats (Preis/Tag x Verweildauer + Kosten für Druck)
Merzhauser Straße	21,70€	10 Tage	130€	347€
Merzhauser Straße gegen Birkenweg	14,40€	10 Tage	130€	274€
Schwarzwaldstraße	39,90€	10 Tage	130€	529€
Adelhauser Straße	29,60€	10 Tage	130€	426€
Markgrafenstraße	12,30€	10 Tage	130€	253€
Paduaallee	16,70€	10 Tage	130€	297€
Basler Landstraße	8,90€	10 Tage	130€	219€
Hbf., Ausg. Wetzinger Str.	10,40€	10 Tage	130€	234€
Habsburgerstraße	31,00€	10 Tage	130€	440€
St.-Georgener-Straße	17,30€	10 Tage	130€	303€
			Gesamtkosten	3.322€

Kosten für die Erstellung des Plakat-Motivs: 250€

Gesamtkosten des Werbemittels Plakat: 3.322€ + 250€ = 3.572€

Kosten Radiospot (crossvertise GmbH, o.J.): Dauer des Werbespots: 15 Sekunden

Laufzeit: 1 Woche mit 4 Schaltungen am Tag (Preise sind unterschiedlich je nach Uhrzeit aber liegen zwischen 60€-105€ pro Spot)→Gesamt: 28 Spots zum Preis von 2.009€

Kosten Erstellung des Radiospots: 449€

Gesamtkosten des Werbemittels Radiospot: 2.009€ + 449€ = 2.458€

Gesamtkosten für alle Werbemaßnahmen: 3.200,87€ + 3.572€ + 2.458€ = 9.230,87€

Stellt man die errechneten Kosten für die geplanten Werbemaßnahmen dem errechneten Budget in Höhe von 14.400€ gegenüber, fällt auf, dass 5.169,13€ des Budgets gar nicht genutzt werden. Zur Optimierung der Werbeplanung für die Kampagne könnte man beispielsweise an noch mehr Standorten Plakate aufhängen könnte und die Verweildauer von 10 auf 14 Tage zu erhöhen, um noch mehr Menschen durch eine höhere Wahrnehmung zu erreichen. Eine weitere Optimierungsmöglichkeit wäre eine höhere Frequentierung über einen längeren Zeitraum des Radiospots. Man könnte ihn über 10 Tage mit 5 Schaltungen pro Tag ausstrahlen. Damit ist es wahrscheinlicher eine höhere Anzahl an Menschen zu erreichen.

2.5 Synergieeffekte im Rahmen der Kommunikationspolitik

Synergieeffekte könnte die gesamte Unternehmensgruppe erzielen, indem beispielsweise eine gemeinsame Homepage für alle Unternehmenstypen erstellt wird mit einem Angestellten, welcher sich um die gesamte Website kümmert. Weiterhin könnten alle Unternehmenstypen zusammen ein Event wie zum Beispiel ein Sommerfest veranstalten um Kosten einzusparen für die genutzten Räumlichkeiten, Strom etc. und man kann das Event etwas größer gestalten, da alle Mitglieder aus jedem Unternehmenstyp eingeladen sind. Eine weitere Möglichkeit einen Synergieeffekt zu erzielen wäre die Vertretung aller Unternehmenstypen bei einem gemeinsamen Stand auf der Messe. Somit könnte man je nach Mensch mit dem passenden Unternehmenstyp reagieren und Geld durch geteilte Standkosten und weniger Personalkosten einsparen. Des Weiteren kann durch ein Sponsoring im Namen der gesamten Unternehmensgruppe ein Vorteil für alle Unternehmenstypen erzielt werden.

3   Abschlussstatement

Insgesamt ist die Stadt Freiburg äußerst attraktiv für die gesamte Unternehmensgruppe, da sich die meisten Einwohner im Alter zwischen 25 und 65 Jahren befinden (siehe Aufgabe 1.4) und das bei den meisten Unternehmenstypen der Hauptzielgruppe entspricht. Die Unternehmensgruppe hat ihre Chancen zum Einen in der guten Verkehrsanbindung der Stadt, da sich dadurch das Marktgebiet des Unternehmens vergrößert, zum Anderen ist die Arbeitslosenquote mit 4,9% relativ gering, was sich positiv auf die Chancen der Unternehmensgruppe auswirkt, da arbeitslose Bürger meist weniger Geld für ihre Gesundheit und ihre Fitness ausgeben können. Auch die Umgebung in Freiburg weist mit den vielen Geschäften ein großes Potenzial auf, da so viele Kunden angezogen werden. Risiken sind für die Unternehmensgruppe vor allem die hohe Anzahl an Mitbewerbern und des Weiteren liegt der Kaufkraftindex mit 95,6 unter dem Bundesdurchschnitt. Die größte Erfolgswahrscheinlichkeit liegt bei dem Fitnessstudio im Discount-Segment, da Freiburg viele Studenten hat, welche durch das Studentenangebot angezogen werden. Außerdem ist die Vermarktungskampagne mit den „Early-Bird-Verträgen" eine hervorragende Taktik, um Kunden zu gewinnen und das Marktpotenzial dieses Studios ist mitunter eines der höchsten unter den Unternehmenstypen. Die Standortwahl ist bei jedem Unternehmenstyp ausgezeichnet, da sie sich an belebten Orten, welche viele Kunden anziehen befinden und auch eine hervorragende Verkehrsanbindung haben. Ausschließlich das Gesundheitsstudio hätte nahe des Universitätsklinikums eröffnen können, sodass man eine Kooperation mit diesem eingehen könnte, um Verletzte nach ihrer Operation zu unterstützen und diese als Mitglieder zu gewinnen.

4 Literaturverzeichnis

Crossvertise GmbH (o.J.). *Plakatwerbung – Kartenansicht.* Zugriff am 23.04.2019. Verfügbar unter https://market.crossvertise.com/de-de/media/ooh/map? AddressMap=Freiburg+im+Breisgau %2C+Deutschland&SwLat=47%2C994628&SwLng=7%2C832126&NeLat=48%2C 003387&NeLng=7%2C852082

Crossvertise GmbH (o.J.). *baden.fm – Werbung einfach buchen.* Zugriff am 23.04.2019. Verfügbar unter https://market.crossvertise.com/de-de/baden-fm-/media/radio/details/683231?ratecardId=274973

DataReportal, Hootsuite & We Are Social (2019). *Ranking der größten sozialen Netzwerke und Messenger nach der Anzahl der monatlichen aktiven Nutzer (MAU) im Januar 2019 (in Millionen).* Zugriff am 23.04.2019. Verfügbar unter https://de.statista.com/statistik/daten/studie/181086/umfrage/die-weltweit-groessten-social-networks-nach-anzahl-der-user/

Faktenkontor & IMWF (2018). *Anteil der befragten Internetnutzer, die Facebook nutzen, nach Altersgruppen in Deutschland im Jahr 2017.* Zugriff am 23.04.2019. Verfügbar unter https://de.statista.com/statistik/daten/studie/691569/umfrage/anteil-der-nutzer-von-facebook-nach-alter-in-deutschland/

F. F. Germany GmbH (o.J.). *F. F.*

F. O. (o.J.) Zugriff am 23.04.2019.

Flyeralarm GmbH (o.J.). *Flyer online gestalten.* Zugriff am 23.04.2019. Verfügbar unter https://www.flyeralarm.com/de/content/index/open/id/4462/flyer.html

Heidelberg Institute for Geoinformation Technology (2019). *Openroute service.* Zugriff am 20.04.2019. Verfügbar unter https://maps.openrouteservice.org/reach? n1=47.994612&n2=7.826617&n3=11&a=47.984648,7.84014&b=0&i=0&j1=12&j2 =6&k1=en-US&k2=km

Immowelt (2019). *Mietspiegel in Freiburg (Wiehre).* Zugriff am 25.04.2019. Verfügbar unter https://www.immowelt.de/immobilienpreise/freiburg-wiehre/mietspiegel

Janzer, C., Meßmer, M. & Werner, S.M. (2017). *Sozialbericht -DatenReport 2017-.* Zugriff am 24.04.2019. Verfügbar unter https://www.freiburg.de/pb/site/Freiburg/get/params_E1685640894/1279781/Sozialbericht%202017.pdf

Michael Bauer Research GmbH (2018). *Kaufkraft 2018 in Deutschland.* Zugriff am 21.04.2019. Verfügbar unter http://www.mb-research.de/_download/MBR-Kaufkraft-Kreise.pdf

Statistisches Landesamt Baden-Württemberg (2017). *Bevölkerung nach Altersgruppen.* Zugriff am 21.04.2019. Verfügbar unter https://www.statistik-bw.de/BevoelkGebiet/Alter/01035410.tab?R=KR311

Statistisches Landesamt Baden-Württemberg (2018). *Arbeitslosenquote seit 2000.* Zugriff am 21.04.2019. Verfügbar unter https://www.statistik-bw.de/Arbeit/Arbeitslose/03033015.tab?R=KR311

5 Abbildungs- und Tabellenverzeichnis

5.1 Abbildungsverzeichnis

5.2 Tabellenverzeichnis

BEI GRIN MACHT SICH IHR WISSEN BEZAHLT

- Wir veröffentlichen Ihre Hausarbeit,
  Bachelor- und Masterarbeit

- Ihr eigenes eBook und Buch -
  weltweit in allen wichtigen Shops

- Verdienen Sie an jedem Verkauf

Jetzt bei www.GRIN.com hochladen und kostenlos publizieren